WAS IST WAS

W0274012

Andrea Weller-Essers

EUROPA

Menschen, Länder und Kultur

TESSLOFF

Hier siehst du, wo du bist!

Wo ist was?

Seite 30

Wusstest du, dass jedes Land die Rückseite der Euromünzen selbst gestaltet?

20 EU – eine starke Gemeinschaft

Seite 12

Elch – Luchs – Pelikan: Entdecke die bunte Tierwelt Europas!

4 Unser Kontinent

Seite **20** *Die EU ist wie eine große Familie – und sie wächst immer weiter.*

Seite **6** *Der verliebte Gott und die entführte Prinzessin: Erfahre, wie Europa seinen Namen bekam.*

Die mit ▶ markierten Seiten könnten dich besonders interessieren!

Seite **46** *Vorsicht, die Wikinger kommen! Beim traditionellen Fest »Up Helly Aa« geht es heiß her.*

Hier findest du die wichtigsten Begriffe kurz erklärt.

Post aus der Ferne

Liebe Tina,

hier in Schweden sieht es genauso aus wie in den Geschichten von Astrid Lindgren, mit roten Holzhäuschen, grünen Wäldern und blauen Seen. Wir wohnen auch in so einem roten Haus und jeden Morgen springe ich in den See direkt vor unserer Tür. Mein Bruder und ich haben sogar schon einen dicken Fisch geangelt! Übrigens sagen hier alle Du zueinander, sogar Kinder zu wildfremden Erwachsenen.

Hejdå (das heißt tschüss!)

Amelie

Liebe Oma,

sonnige Grüße vom Gardasee! Hier ist es richtig schön heiß und überall wachsen bunte Blumen, Zitronenbäume und Palmen. Unser Zeltplatz liegt direkt am See, sodass wir jeden Tag ins Wasser springen können. Der Gardasee ist ziemlich groß und in der Mitte gibt es sogar ein paar Inseln! Morgen wollen wir aber erst einmal einen Ausflug in die Berge unternehmen.

Viele Grüße nach Deutschland!

Marie

Caroline Vogel

Finkenweg 9

81929 Münche

Deutschland

Tina Simons
Bodenstraße 57
12437 Berlin
Deutschland

Lieber Michael,

wir sind gerade für ein paar Tage im wunderschönen Amsterdam! Durch die ganze Stadt ziehen sich lange Kanäle, die man Grachten nennt. Viele Amsterdamer wohnen nicht in Häusern, sondern auf Hausbooten. In unserem Reiseführer steht, dass es über 1400 Brücken gibt! Außerdem sind hier unglaublich viele Fahrräder unterwegs! Morgen wollen wir ins Museum gehen und heute Abend machen wir eine Grachtenfahrt.

Mach's gut und bis bald!

Kolja

Michael Thessen
Gladbacher Str. 17
41849 Wassenberg
Deutschland

Woher kommt der Name Europa?

Einer griechischen Sage nach hat unser Kontinent seinen Namen von einer Königstochter, die vor über 3000 Jahren in Asien lebte. Das Mädchen mit Namen Europa muss so schön und liebreizend gewesen sein, dass sich sogar der griechische Götterchef Zeus in sie verliebte. Um das Mädchen für sich zu gewinnen, wendete Zeus eine List an: Er verwandelte sich in einen prächtigen Stier und näherte sich in dieser Gestalt Europa und ihren Freundinnen, als diese sich gerade am Strand aufhielten. Die Mädchen spielten mit dem sanften, zutraulichen Tier und nach einer Weile kletterte Europa übermütig auf seinen Rücken, um auf dem Tier zu reiten. Diese Chance nutzte der Götterkönig und entführte das Mädchen. Er stürzte sich mit der schönen Europa ins Meer und brachte sie auf die griechische Insel Kreta. Hier verwandelte er sich zurück in seine menschliche Gestalt und gab sich als König des Landes aus. Die beiden heirateten schließlich und bekamen drei Kinder. Der Name des Kontinents, auf dem Europa nun lebte, erhielt ihren Namen und machte die Königin auf diese Weise unsterblich.

Was ist ein Kontinent?

Die großen zusammenhängenden Landmassen auf der Erde werden Kontinente genannt: Neben Europa gibt es noch Asien, Australien und Ozeanien, Nordamerika, Südamerika, Afrika und die Antarktis. Vor rund 250 Millionen Jahren, als die Archosaurier unsere Erde bevölkerten, sah der Globus allerdings noch ganz anders aus: Damals gab es nur eine große Landmasse, die man Pangäa nennt. Der aus dem Griechischen kommende Name bedeutet so viel wie »ganze Erde«. Erst vor etwa 140 Millionen Jahren zerbrach der Superkontinent durch die Bewegung der Erdplatten. Zunächst spaltete er sich in zwei, später dann in einzelne kleinere Kontinente auf, die langsam auseinanderdrifteten, bis die Erde so aussah, wie wir sie heute kennen. Und immer noch sind die Kontinente in ständiger Bewegung: Jedes Jahr wandern sie drei bis fünf Zentimeter auseinander.

Der Kontinent hat seinen Namen von der wunderschönen Prinzessin Europa.

Der zwölf Meter lange Allosaurus lebte vor 156 Millionen Jahren auch im heutigen Südeuropa, was Knochenfunde beweisen.

Aus dem Superkontinent Pangäa entstanden die heutigen Kontinente.

Als die Urmenschen auf der Erde auftauchten, lagen die Kontinente schon fast auf ihrer heutigen Position.

Angeberwissen

▶ Europa + Asien = Eurasien!

Europa und Asien sind miteinander verbunden. Zusammen ergeben sie die größte zusammenhängende Landmasse der Welt. Man spricht daher auch von Eurasien. Die Grenze zwischen den Kontinenten läuft durch Russland. Deshalb wird ein kleinerer Teil des Landes zu Europa und ein größerer Teil zu Asien gezählt. Wo die Grenze genau verläuft, ist jedoch schwer zu sagen: Es gibt ja kein Meer, das die beiden Kontinente trennt! Als Anhaltspunkt kann man aber das Uralgebirge nennen, das von Norden nach Süden durch Russland verläuft.

Wie sieht es in Europa aus?

Winterliches Lichtspektakel: Polarlicht in Finnland.

In großen Teilen Europas herrscht ein relativ gemäßigtes Klima. Das liegt am sogenannten Golfstrom, der warmes Wasser aus dem Golf von Mexiko in den Atlantik spült. Ohne ihn wäre es bei uns viel kälter! Für ein angenehmes Klima sorgen auch die Westwinde, die feuchte, milde Luft zu uns bringen. Doch natürlich sind die klimatischen Bedingungen nicht überall in Europa gleich! Die Unterschiede von Norden nach Süden sind sogar ziemlich extrem: Während es in Nordnorwegen im Winter unter minus 40 Grad Celsius werden kann, klettern in Südspanien die Temperaturen im Sommer teilweise auf fast plus 50 Grad Celsius. Und während im Westen auf regenreiche, warme Sommer milde Winter folgen, wechseln sich im Osten eiskalte Winter mit trockenen, heißen Sommern ab.

Vom Eismeer bis zur Wüste

So verschieden wie das Klima ist, so sehr unterscheiden sich auch die Landschaften innerhalb Europas voneinander. Die norwegische Inselgruppe Spitzbergen liegt mitten im arktischen Ozean. An den Küsten schmilzt das Eis nur in den warmen Sommermonaten. Hier gedeihen deshalb nur Moose und kleine, robuste Pflanzen. Geysire, Gletscher und Vulkane prägen die schroffe Landschaft Islands, der größten Vulkaninsel der Welt. Schweden ist berühmt für seine ausgedehnten Wälder und einsamen Seenlandschaften. Das Wattenmeer erstreckt sich entlang der dänischen, deutschen und niederländischen Nordseeküste. Ebbe und Flut erschufen aus dieser flachen Küstenregion ein Paradies für Fische und Vögel! Das größte Gebirge sind die Alpen, die sich quer durch Europa ziehen und den Kontinent in zwei Teile teilen. Im französischen Teil des Gebirges thront mächtig der höchste Berg Europas:

Im polnischen Nationalpark Bialowieza geht es urwüchsig zu.

Das watend begehbare Meer: Bei Ebbe kann man im Watt über den Meeresboden laufen!

Das Matterhorn mit seiner markanten Spitze gehört zu den höchsten Gipfeln der Alpen. Es ist das ganze Jahr über mit Schnee bedeckt.

Der Gipfel des Mont-Blancs befindet sich auf 4 810 Metern Höhe! Südlich der Alpen beginnt die Mittelmeerregion. In weiten Teilen ist es hier im Sommer extrem heiß und trocken: perfekte Bedingungen für Zitronen- und Olivenbäume! Sogar Wüsten und Urwälder gibt es in Europa:
Im polnischen Nationalpark Bialowieza wächst der letzte vollkommen ursprüngliche Wald des Kontinents. Im Schutz des Urwaldes haben Otter, Luchse, Wölfe, Elche und Wisente ein Zuhause gefunden. Im spanischen Andalusien liegt die Wüste von Tabernas. Weil es hier fast aussieht wie im Wilden Westen, dient die Region immer wieder als Kulisse für Filme und Western. So wurden hier beispielsweise die Indiana-Jones-Filme gedreht.

Die Samaria-Schlucht auf der griechischen Insel Kreta ist eine der längsten Europas.

Im spanischen Nationalpark Coto de Doñana entstanden weitläufige Sanddünen.

Europa extrem!

Turmhoch!

Der Turm des Ulmer Münsters ist mit einer Höhe von **161,53 Metern** nicht nur der höchste Kirchturm Europas, sondern sogar der ganzen Welt!

Unmengen Güter!

Der größte Hafen Europas liegt in der niederländischen Stadt Rotterdam. Jährlich werden hier über **10 Millionen** Container verladen.

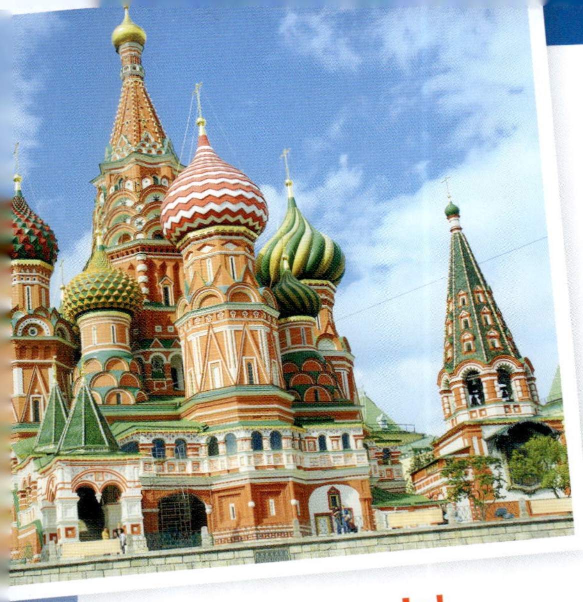

Megametropole!

Die Stadt mit der größten Einwohnerzahl liegt in Russland: Rund **12 Millionen** Einwohner zählt die Metropole Moskau.

Voller Trubel!

Das größte Volksfest der Welt ist das Münchener Oktoberfest. Über **6 Millionen** Besucher kommen jedes Jahr zum Feiern in die bayerische Hauptstadt.

Viele Buchstaben!

Wer durch Wales reist, kommt vielleicht an dem Ort mit dem längsten Namen Europas vorbei: Llanfairpwllgwyngyllgogerychwyrndrobwllllantysiliogogogoch steht hier auf dem Ortsschild.

Auto-Mini!

Das kleinste verkehrstaugliche Auto der Welt wurde in England gebaut: Der **129 Zentimeter** lange Miniflitzer fährt bis zu 65 Kilometer pro Stunde schnell.

Klein trifft Groß!

Mitten in der italienischen Stadt Rom liegt der Staat mit der kleinsten Fläche und gleichzeitig der niedrigsten Einwohnerzahl. In Vatikanstadt leben auf **0,44 Quadratkilometer** ungefähr 800 Menschen. Obwohl der Staat so klein ist, steht hier eine der größten Kirchen der Welt, der Petersdom!

Tierisch vielfältig!

In manchen europäischen Wäldern geht es ganz schön wild zu: Im Norden und Osten leben Rentiere und Elche. Auch große Raubtiere wie Braunbär, Wolf und Luchs sind hier zu Hause. Früher waren diese Großtiere in ganz Europa verbreitet, denn es gab damals sehr viel mehr Wald. Im Laufe der Zeit hat aber der Mensch immer mehr Flächen besiedelt. Die Wälder wurden abgeholzt, um Landwirtschaft betreiben zu können. So wurde der Platz für die Wildtiere knapp. Manche Arten, wie der Auerochse, starben deshalb ganz aus.

Auch der Klimawandel sorgt dafür, dass sich die Lebensräume der Tiere wandeln. Steigen etwa die Temperaturen der Meere und Seen, können sich manche Wasserbewohner nicht an die veränderten Bedingungen anpassen. Doch es gibt in Europa immer noch eine unglaubliche Vielzahl von Tieren: Kleinere Lebewesen wie Wiesel, Hase, Kaninchen, Fuchs oder Eichhörnchen sind in vielen Regionen zu Hause. In den Gebirgen kannst du Gämsen und Steinböcke beobachten. Im warmen Klima Südeuropas fühlen sich verschiedene Eidechsenarten, Schlangen und Schildkröten wohl. In den nördlichen Meeren pflügen Wale durchs Wasser und Robben leben an den Küsten. Im Mittelmeer tummeln sich sogar einige Delfinarten! Auch zahlreiche Vögel bauen hier ihre Nester: Über 500 Vogelarten brüten ihre Eier in Europa aus!

ELCH

An seinen prächtigen Geweihschaufeln erkennt man den Elch. Er ernährt sich von Baumtrieben und Wasserpflanzen. Vor der Kälte schützt ihn sein dichtes Fell.

WISENT

Der Wisent war in freier Wildbahn fast ausgerottet. Heute streift das mächtige Tier wieder durch den polnischen Nationalpark Bialowieza und das deutsche Rothaargebirge.

PELIKAN

Der große Wasservogel hat einen auffälligen Schnabel, in den bei einigen Arten bis zu 13 Liter Wasser passen! Er kann 24 Stunden lang ohne Pause fliegen - bis zu 500 Kilometer weit!

GRIECHISCHE LANDSCHILDKRÖTE

Die Griechische Landschildkröte ist in großen Teilen des Mittelmeerraums zu Hause. Sie ist jedoch vom Aussterben bedroht!

KEGELROBBE

Sie bewohnt die nördlichen Meere Europas. An Land wirkt sie eher unbeholfen. Aber wenn sie im Wasser auf die Jagd geht, ist sie ein geschickter Schwimmer und Taucher.

LUCHS

Die größte Raubkatze Europas nimmt mit den spitzen Ohren die kleinsten Geräusche wahr. Und seine Augen sind so scharf, dass er ein Kaninchen auf 300 Meter Entfernung erkennt!

SMARAGDEIDECHSE

Bis zu 40 Zentimeter lang kann eine Smaragdeidechse werden. Wird sie angegriffen, wirft sie ihren Schwanz ab, um den Feind abzulenken und fliehen zu können.

SEEADLER

Der mächtige Seeadler hat ein braunes Gefieder; nur Kopf und Schwanz sind hell. Er wohnt in der Nähe von Seen, Meeren oder Flüssen und ist so stark, dass er sogar Hasen jagen kann!

Unglaublich!

Und Drachen gibt es doch

Früher hielten die Menschen den Grottenolm wegen seines Aussehens tatsächlich für ein Drachenjunges. Dabei ist der kleine Höhlenbewohner alles andere als furchterregend! Der bis zu 30 Zentimeter lange Lurch mag es dunkel und fühlt sich in unterirdischen, kalten Gewässern wohl. Hier kann er weit über 70 Jahre alt werden!

Von der Antike zum Mittelalter

Im Kolosseum fanden spektakuläre Veranstaltungen wie die Gladiatorenkämpfe statt.

Die Wiege der europäischen Kultur liegt im antiken Griechenland. Lange waren die Griechen die vorherrschende Macht in Europa. Sie förderten Künste und Wissenschaften. Berühmte Philosophen legten mit ihren Theorien den Grundstein für die heutigen Naturwissenschaften. Auch die Idee der Demokratie hat hier ihren Ursprung! Doch die Vormachtstellung der Griechen hielt nicht ewig. Um 750 vor Christus wurde die Stadt Rom gegründet und entwickelte sich in wenigen Jahrhunderten zu einem riesigen Weltreich, das über weite Teile Europas herrschte. Die Römer übernahmen viele Erkenntnisse der griechischen Kultur und trieben die Wissenschaften weiter voran.

Von der Antike zum Mittelalter

Doch wie das antike Griechenland verlor auch das Römische Reich mit der Zeit an Macht. Auf der Flucht vor dem kriegerischen Reitervolk der Hunnen verließen auch viele germanische Völker ihre Heimat und wanderten quer über den europäischen Kontinent: Die Zeit der großen Völkerwanderungen war nun angebrochen. Das Römische Reich zerbrach endgültig und Europa ordnete sich neu. Auf die Antike folgte im 6. Jahrhundert das Mittelalter. Über den ganzen Kontinent breitete sich das Christentum aus. Die Macht in Europa teilten sich Kaiser und Kirche. Reiche Adlige bauten sich große Burgen. In den Städten kamen viele Kaufleute durch

Prächtige Bauten wie das Kolosseum in Rom erzählen vom Glanz der Antike.

Ab dem späten Mittelalter machten sich Kaufleute und Abenteurer auf, die Welt zu entdecken.

den aufblühenden Handel zu großem Reichtum. Doch die meisten Menschen lebten in bitterer Armut. Kaum jemand konnte lesen und schreiben. Die Bauern waren abhängig von den adligen Lehnsherren.

Aufbruchstimmung!

Erst zum Ende des Mittelalters kam wieder Bewegung in die Gesellschaft: Mächtige Fürsten und reiche Bürger wollten nun mitbestimmen, die alleinige Macht von Kaiser und Papst wurde eingeschränkt. An den städtischen Universitäten erforschte man die Naturgesetze, die die kirchlichen Lehren infrage stellten. Eine bahnbrechende Erfindung war der Buchdruck, da Bücher nun endlich einfacher und preiswerter vervielfältigt werden konnten. Europäische Kaufleute brachen zu Reisen in unbekannte Länder auf und brachten neben exotischen Waren auch fremdes Wissen mit nach Hause. 1492 erreichte Christoph Kolumbus Amerika. Wenige Jahre später gelang Ferdinand Magellan die erste Weltumsegelung. Ein neues Zeitalter brach an.

Unglaublich!

Wir alle sind miteinander verwandt – man muss nur weit genug in die Vergangenheit reisen! Forscher haben nämlich herausgefunden, dass die meisten Europäer gemeinsame Vorfahren haben. Wir sind also tatsächlich eine große Familie!

Das Mittelalter war die Zeit der Ritter. Im Turnier maßen die Kämpfer ihre Kräfte.

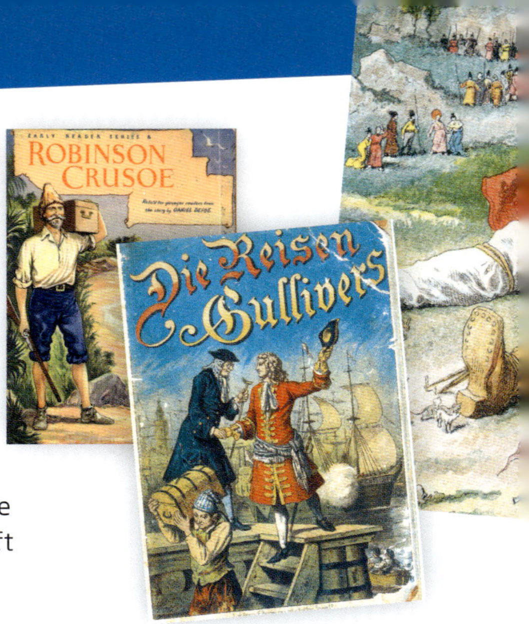

Auf in die Moderne!

Im Mittelalter regierten König und Papst gemeinsam im Namen Gottes. Doch ab dem 16. Jahrhundert wurde die Kirche durch einen erbitterten Streit erschüttert, an dessen Ende sie sich in Katholiken und Protestanten spaltete. Die katholische Kirche versuchte, die Teilung rückgängig zu machen, und es begannen schreckliche Kriege und Machtkämpfe. Erst über 30 Jahre später schlossen katholische und protestantische Fürsten erschöpft Frieden.

Die Geburt des modernen Europa

Ab dem 17. Jahrhundert stellten immer mehr kluge Denker die kirchlichen Lehren infrage. Sie nannten sich selbst »Aufklärer« und glaubten, dass die Vernunft das sei, was uns ausmacht. Sie vertraten außerdem die Auffassung, dass alle Menschen gleich seien – für die damalige Zeit war das revolutionär! Sie forderten die Menschen auf, klar zu denken, Kritik zu üben und eine freie Meinung zu entwickeln. Bei den Herrschenden in Europa kam das nicht gut an, denn die Aufklärer forderten die Menschen auf, sich mithilfe der Vernunft von Abhängigkeiten zu befreien.
Es sollte aber noch viel Zeit vergehen, bis die Ideen der Aufklärer in Europa Realität wurden: 1789 brach in Frankreich die Französische

Napoleon Bonaparte ließ sich zum Kaiser krönen.

»Gullivers Reisen« von Jonathan Swift und »Robinson Crusoe« von Daniel Defoe wurden zur Zeit der Aufklärung geschrieben.

Im Ersten Weltkrieg kamen erstmals Flugzeuge zum Einsatz.

Revolution aus, in der sich das Volk gegen die Mächtigen wendete, um diese zu stürzen. Doch die Revolution mündete in einer Schreckensherrschaft, an deren Ende sich Napoleon Bonaparte zum Alleinherrscher über fast ganz Europa aufschwang. 1814 wurde er schließlich besiegt und Europa ordnete sich wieder einmal neu.

Mit der Erfindung der Dampfmaschine Ende des 18. Jahrhunderts begann die Industrialisierung: Waren wurden nicht mehr in mühevoller Handarbeit, sondern von Maschinen in großen Mengen hergestellt. Millionen von Menschen arbeiteten nun in großen Fabriken unter harten Bedingungen und für wenig Geld.

Die Katastrophe

1914 brach der Erste Weltkrieg aus. Das Deutsche Reich und Österreich-Ungarn kämpften gegen die verbündeten Mächte Frankreich, Italien, Großbritannien und Russland um die Vorherrschaft in Europa und der Welt. Zum ersten Mal wurden Massenvernichtungswaffen eingesetzt. Innerhalb von vier Jahren starben über zehn Millionen Menschen. Erst als die USA an der Seite der verbündeten Mächte in den Krieg eintraten, konnten Deutschland und Österreich-Ungarn besiegt werden. Deutschland verlor große Teile seines Gebietes und Österreich-Ungarn wurde geteilt. In Russland bildete sich der erste kommunistische Staat.

Die Pariser Bastille diente als Staatsgefängnis. Der »Sturm auf die Bastille« am 14. Juli 1789 markierte den Beginn der Französischen Revolution.

Viele Städte Europas wurden im Zweiten Weltkrieg durch Bombenangriffe aus der Luft zerstört. Die Menschen dort lebten in Schutt und Trümmerbergen.

Die Welt in Aufruhr

Der Frieden, der nach dem Ersten Weltkrieg geschlossen wurde, war brüchig. Zwar gab es in den 1920er-Jahren in vielen Ländern einen wirtschaftlichen Aufschwung, doch der währte nicht lange: 1928 stürzten Europa und die Welt in eine schwere Wirtschaftskrise. Firmen gingen bankrott und Millionen Menschen waren von Arbeitslosigkeit und Armut geplagt. Deutschland war nach dem Krieg zwar eine Demokratie, doch das Land trug schwer an den Folgen des Ersten Weltkriegs und der Regierung gelang es nicht, die Not der Bevölkerung zu lindern. Deshalb verloren viele Menschen das Vertrauen in die Demokratie. In einigen Staaten wie Italien, Spanien und Russland entwickelten sich Diktaturen, denn die Menschen wünschten sich einen »starken Staat«, der die Probleme mit eiserner Hand lösen würde. Besonders schlimm war die Entwicklung in Deutschland: Hier kam

In den 1930er-Jahren waren viele Familien extrem arm und litten Hunger.

Brand einer jüdischen Synagoge: Die Nationalsozialisten brachten unvorstellbares Leid über die Juden.

Adolf Hitler mit seiner Nationalsozialistischen Partei an die Macht. Er schürte den Hass gegen Juden und andere Völker und forderte mehr »Lebensraum im Osten«. Er begann einen Krieg, der sich schnell zum Zweiten Weltkrieg ausbreitete. Grausamer Höhepunkt war die Unterdrückung, Verfolgung und Ermordung der europäischen Juden, Slawen, Sinti und Roma. Zunächst schien es so, als hätte Hitlers Streitmacht auf ihren Eroberungszügen Erfolg, doch dann konnte die Sowjetunion erste Siege gegen die Deutschen erringen. 1941 traten die USA in den Krieg ein. Doch es dauerte noch vier Jahre, bis Deutschland aufgab und das Grauen beendet wurde, das 60 Millionen Menschen das Leben kostete.

Das gespaltene Europa

Nach 1945 lag die Welt in Trümmern und Europa war in zwei Lager geteilt: Der kommunistische Osten wurde von der Sowjetunion angeführt, der demokratische Westen von den USA. Zwischen den beiden Mächten herrschte Feindschaft und Misstrauen, aber aus Furcht vor einem Dritten Weltkrieg kam es zu keiner militärischen Auseinandersetzung. Man spricht deshalb vom Kalten Krieg. Der Ost-West-Konflikt zeigte sich auch in der Teilung Deutschlands, das nach dem Krieg in einen zum Westen gehörenden Staat, die BRD, und in einen Oststaat, die DDR, aufgeteilt wurde.

Der Weg in die Zukunft

Erst zum Ende der 1980er-Jahre endete die Feindschaft zwischen den beiden Blöcken. Nachdem sich die Sowjetunion vom Westen abgeschottet hatte, begann sie sich ab 1988 zu öffnen.
Am 9. November 1989 fiel die Mauer in Berlin. Deutschland war wieder vereint! Nach 1990 löste sich die Sowjetunion auf und neue Staaten entstanden.

Wettlauf um den Mond: Auch bei der Eroberung des Alls waren die Sowjetunion und die USA Rivalen.

Am 9. November 1989 fiel die Mauer in Berlin und die Menschen strömten zu den Grenzübergängen.

Schon gewusst?

Ein Mauerspecht ist keine seltene Vogelart! So nannte man Menschen, die sich ein Stück aus der Berliner Mauer hämmerten. Die Steine wurden zu begehrten Sammlerstücken.

Frankreich ist eines der sechs Gründungsmitglieder.

Europa wächst zusammen

Die 27 Mitgliedstaaten der EU
Beitrittskandidaten und Interessenten

Die Europäische Union ist eine ganz besondere Staatengemeinschaft! Anders als etwa die Vereinigten Staaten von Amerika – die zentral von der Hauptstadt Washington aus regiert werden – ist sie ein Zusammenschluss aus derzeit 27 einzelnen Staaten, die alle ihre eigenen Regierungen mit ganz unterschiedlichen Interessen haben. Wie in jeder großen Familie sind die Mitglieder oft gegensätzlicher Meinung, wenn sie die Lösung für ein Problem finden sollen. Doch dann wird in Sitzungen, Ausschüssen und Versammlungen so lange diskutiert, bis eine Einigung in Sicht ist. Denn letztendlich wollen alle 27 Staaten die gemeinsam gesteckten Ziele der EU erreichen: Frieden und Wohlstand.

Von Klein zu Groß

Angefangen hat die Staatengemeinschaft ganz klein. Gerade einmal sechs Mitglieder zählte das Bündnis bei seiner Gründung! Nach und nach schlossen sich weitere Länder an. Als in den 1990er-Jahren der Eiserne Vorhang verschwand und sich der Ostblock auflöste, bedeutete dies auch eine große Veränderung für die Europäische Gemeinschaft: 2004 kamen auf einen Schlag gleich zehn neue Länder hinzu! Um Teil des Bündnisses zu werden, hatten sie sich an die Regeln der EU angepasst und sich unter anderem in Demokratien verwandelt. 2007 kamen zwei weitere Mitglieder hinzu. Damit hatte sich die Mitgliederzahl von 1986 bis 2007 fast verdoppelt! Und die EU-Familie wächst weiter: Als jüngstes Mitglied trat 2013 Kroatien bei. Weitere Beitrittskandidaten sind Nordmazedonien, Montenegro, Serbien, Albanien, Bosnien und Herzegowina, der Kosovo, die Ukraine, Georgien, Moldau sowie die Türkei. Aber auch andere Länder interessieren sich für den Beitritt in die EU!

Was bedeuten die zwölf Sterne auf der Europaflagge?

Ein Kreis aus zwölf gelben Sternen, der auf blauem Grund steht – so sieht die Europaflagge aus! Die Farbe Blau symbolisiert den Himmel, die Sterne stehen für die verschiedenen europäischen Völker. Aber warum sind es ausgerechnet zwölf? Die Zahl steht symbolisch für Vollkommenheit und Harmonie, sie soll – genau wie der Kreis – die Einheit zwischen den Mitgliedstaaten verdeutlichen. Neben einer Flagge hat die EU übrigens auch eine Hymne. Sie wurde allerdings nicht extra für die EU komponiert: Die Melodie stammt aus der Neunten Symphonie von Ludwig van Beethoven. Ganz ohne Worte und nur in der Sprache der Musik vermittelt sie die Werte der EU: Frieden, Freiheit und Zusammenhalt.

Irland trat 1973 in die EU ein.

Griechenland ist seit 1981 Mitglied der Europäischen Gemeinschaft.

Tschechien trat 2004 mit neun anderen Staaten in das Staaten-bündnis ein.

Die Erfindung der EU

Wir schreiben den 9. Mai 1950: Im Pariser Außenministerium hält der französische Außenminister Robert Schuman in wenigen Minuten eine Pressekonferenz ab: Im »Salon de l'Horloge« warten schon die internationalen Pressevertreter. Doch noch ahnt niemand, dass sie schon bald Zeugen eines historischen Ereignisses werden.
Schuman stellt einen Plan vor, der Europa grundlegend verändern wird. Um den Frieden für alle Zeiten zu sichern, will der Franzose ein vereintes Europa schaffen. Deutschland hat dem Vorhaben bereits zugestimmt. Die Nachricht schlägt ein wie eine Bombe! Schließlich ist der Zweite Weltkrieg, in dem sich die beiden Länder als Feinde gegenüberstanden, erst wenige Jahre her! Der 9. Mai gilt seitdem als Geburtstag der EU und wird heute als Europatag gefeiert.

Erste gemeinsame Schritte

Bereits wenige Wochen später begannen Frankreich, die Bundesrepublik Deutschland, Belgien, die Niederlande, Luxemburg und Italien mit der Realisierung des sogenannten »Schuman-Plans«. Am 18. April 1951 war es so weit: Die Europäische Gemeinschaft für Kohle und Stahl, auch Montanunion genannt, wurde gegründet. Erstmals in der Geschichte schlossen sich europäische Staaten zu einer überstaatlichen Organisation zusammen. Doch bis sich aus diesem Staatenbündnis unsere heutige EU bildete, verging noch viel Zeit.
Das Ziel der Montanunion war es zunächst, die Stahl- und Kohleproduktion innerhalb der Mitgliedstaaten zu regeln. Deshalb wurde eine »Hohe Behörde« gegründet, die diese Industrie beaufsichtigen sollte. Da Stahl und Kohle wichtig für die Herstellung von Waffen sind, war dies ein erster bedeutender Schritt zu einem friedlichen Miteinander, da nun keine Nation ohne das Wissen der anderen Waffen herstellen konnte.

Wirtschaftswunder
Nach dem Krieg geht es in Deutschland bergauf! Symbol des Wirtschaftswunders ist der VW Käfer: der Millionste war ein vergoldetes Sondermodell.

Aus Kohle und Stahl werden viele Gebrauchsgüter, aber auch Waffen gemacht.

1957

Ab auf den Roller!
Die italienische Firma Piaggio stellte die Vespa her, die auch in Deutschland legendär war!

Der Gründervater der EU: Robert Schuman.

Mehr Gemeinschaft wagen

Nach und nach beschlossen die Mitglieder, auch in anderen wirtschaftlichen Bereichen zusammenzuarbeiten. So wurde 1957 eine gemeinsame Landwirtschaftspolitik beschlossen, um die Ernährung der europäischen Bevölkerung sicherzustellen. Dies führte mit den Römischen Verträgen zur Gründung der Europäischen Wirtschaftsgemeinschaft. Später einigte man sich darauf, an den Grenzen keine Zölle mehr auf Waren zu erheben, um den Handel untereinander zu fördern. Weitere Staaten schlossen sich dem Bündnis an, weitere Aufgabenbereiche kamen hinzu. 1992 unterschrieben bereits zwölf Staaten den Vertrag von Maastricht, in dem die Gründung der Europäischen Union festgehalten wurde. Doch mit der wachsenden Zahl der Mitglieder wurde es auch komplizierter, Entscheidungen zu treffen. Deshalb waren immer wieder neue Verträge notwendig, um eine gute Zusammenarbeit der Staaten zu ermöglichen.

Sechs Länder unterschrieben die Römischen Verträge.

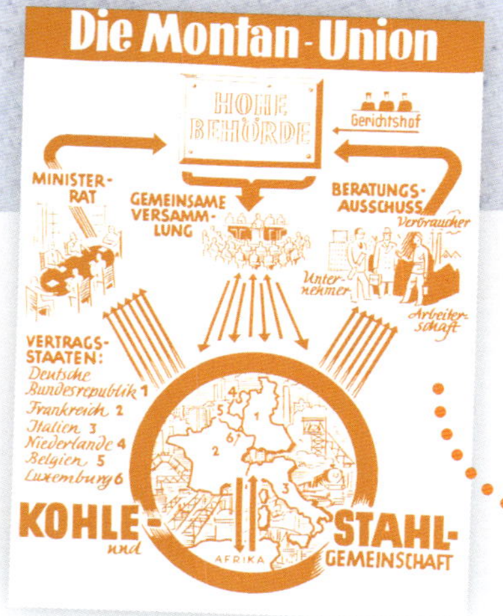

Angeberwissen

Was bedeutet Montanunion?
Das Wort stammt aus dem Lateinischen: »Montan« bedeutet so viel wie »den Bergbau betreffend«, Union heißt übersetzt »Einheit«, »Vereinigung«.

In Vielfalt geeint!

Erlebte Vielfalt: An vielen Schulen lernen Kinder mit unterschiedlicher Nationalität und Herkunft gemeinsam in einer Klasse.

So lautet das Motto der EU. Denn obwohl ihre einzelnen Mitglieder im Laufe der Zeit immer enger zusammengerückt sind, ist die EU doch kein einheitlicher Staat. Sie ist ein starkes Bündnis, das aus vielen verschiedenen selbstständigen Staaten besteht. Jedes Mitgliedsland hat seine eigene Regierung, ein eigenes Parlament, seine Verwaltung, seine Gesetze und Rechtsprechung. Und natürlich unterscheiden sich auch die Sprachen, Kulturen und Traditionen von Land zu Land! Doch gerade diese Vielfalt ist es, die den Kontinent bereichert und die EU zu etwas ganz Besonderem macht.

Gemeinsam für ein besseres Europa!

Was die Mitglieder der Europäischen Staatengemeinschaft trotz aller Unterschiede eint, sind ihre gemeinsam gesteckten Ziele: Seit ihrer Gründung setzt sich die EU für ein friedliches Miteinander aller Staaten in Europa ein. Alle Menschen sollen hier in Sicherheit und Frieden leben können. Statt gegeneinander in den Krieg zu ziehen, setzen sich die Politiker an einen Tisch, um gemeinsam eine Lösung für die Probleme zu finden. Ein weiteres Anliegen der EU ist, dass es allen Bürgern in Europa gut geht und sie in Wohlstand leben können: Ausreichendes Essen, eine gute Ausbildung, ein Zuhause und ein sicheres Einkommen sollen für alle Menschen selbstverständlich sein. Um dies zu erreichen, unterstützen sich die Länder gegenseitig.

Auch innerhalb der EU-Grenzen gibt es noch viele arme Regionen, in denen die Menschen von einfacher Landwirtschaft leben.

In den 1950er-Jahren erfreuten sich viele Familien eines wachsenden Wohlstands.

So erhalten die ärmeren finanzielle Unterstützung von den reichen Mitgliedern. Mit dem Geld können sie dann zum Beispiel Fabriken bauen oder Straßen, Flughäfen und Schienenwege ausbauen, damit Waren und Güter besser transportiert werden können. Dadurch wird die Wirtschaft im Land unterstützt und es kann aus eigener Kraft wohlhabender werden. Die reichen Länder wiederum genießen Vorteile im Handel: Weil es innerhalb der EU keine Grenzen mehr gibt und keine Zölle erhoben werden, können sie ihre Waren hier günstiger verkaufen als ihre Konkurrenten von außerhalb. Denn die müssen ja an den EU-Grenzen Zölle bezahlen! Man spricht auch vom europäischen Binnenmarkt: »binnen« heißt so viel wie »innen«, gemeint ist also der Markt innerhalb der europäischen Grenzen.

Das größte Schienennetz Europas hat Deutschland mit circa 33 000 Kilometern.

Und der führt zu mehr Wirtschaftswachstum: Die Firmen verkaufen ihre Produkte besser und können mehr produzieren. Dafür müssen sie wiederum neue Arbeiter einstellen. Dann sinkt die Arbeitslosigkeit und der Staat wird wohlhabender, denn er bekommt mehr Steuern und muss weniger Bürger finanziell unterstützen. Gleichzeitig können die Menschen, die Geld verdienen, auch wieder mehr Geld ausgeben.

Wer darf in die EU?

Im Prinzip kann jedes Land die Mitgliedschaft in der Europäischen Union beantragen. Doch um aufgenommen zu werden, muss es zunächst strenge Voraussetzungen erfüllen: So muss der Bewerber eine Demokratie sein, die Menschenrechte achten und Minderheiten vor Verfolgungen schützen. Darüber hinaus muss er die wirtschaftlichen Anforderungen der EU erfüllen und sich an die Regeln der Staatengemeinschaft halten.

Angeberwissen

Was genau ist Zoll?

Schon im Mittelalter mussten Händler an der Grenze zu einem anderen Land Zoll bezahlen, damit sie mit ihren Waren in das Land einreisen konnten. Heute werden Zölle vor allem erhoben, um die eigene Industrie zu stärken: Damit Waren aus dem Ausland nicht wesentlich billiger angeboten werden können als heimische Produkte, wird vor der Einfuhr in das Land Zoll erhoben.

Gleiche Rechte für alle!

So unterschiedlich wie die Mitgliedsländer sind, so verschieden sind auch die Menschen in der EU. Doch egal welche Hautfarbe sie haben oder welche Religion, welches Geschlecht sie haben, ob sie eine Behinderung haben oder einer bestimmten ethnischen Gruppe angehören: In der Europäischen Gemeinschaft haben alle Menschen dieselben Rechte und jeder soll sich hier sicher fühlen können. Allerdings gibt es Leute, die andere für weniger wert halten, nur weil sie anders sind als sie selbst. Und leider kommt es immer wieder vor, dass sie andere angreifen, sie bedrohen oder schlecht über sie sprechen. Deshalb geht die EU strikt gegen alle Arten von Diskriminierung vor. Zwar gilt hier die Meinungsfreiheit – das heißt, jeder darf sagen, was er denkt –, doch diese Freiheit hört auf, wenn andere Menschen dadurch Schaden nehmen. Auch in der Schule oder bei der Arbeit darf niemand diskriminiert werden. Und so kümmert sich die EU darum, dass jeder die gleichen Chancen erhält und gleich behandelt wird. Wer diese Werte verletzt, muss mit harten Strafen rechnen.

In der Europäischen Union sind alle Menschen gleich und jeder soll gleich behandelt werden – ungeachtet seiner Herkunft oder Hautfarbe.

Jedes Kind hat das Recht auf eine gute Ausbildung! In allen Ländern der EU herrscht Schulpflicht.

Haben Kinder die gleichen Rechte wie Erwachsene?

Für alle Bürgerinnen und Bürger der EU gelten natürlich die Menschenrechte. So hat jeder das Recht auf eine Schulbildung, auf medizinische Versorgung oder auf freie Meinungsäußerung. Darüber hinaus sind die Rechte von Kindern in der EU noch einmal ganz besonders geschützt, da junge Menschen zum Teil ganz andere Bedürfnisse haben als Erwachsene. In der »EU-Charta der Grundrechte« gibt es einen Artikel, der sich nur auf die Rechte von Kindern bezieht. Darin ist etwa festgehalten, dass alle Kinder ein Recht auf Schutz und Fürsorge haben, damit es ihnen gut geht. Auch sollen sie vor Gefahren im Internet geschützt werden. Jedes Kind hat außerdem das Recht zu sagen, wer sich um es kümmern soll, wenn sich die Eltern scheiden lassen. Alle EU-Länder müssen nachweisen, dass sie die Rechte von Kindern respektieren. Aber auch du kannst etwas für die Verbesserung von Kinderrechten tun – zum Beispiel, indem du an Gesprächen und Diskussionen teilnimmst und deine Meinung sagst!

Multikulti? Aber logisch!

In der EU haben auch Menschen eine Heimat gefunden, die ursprünglich aus Asien, Afrika und Amerika stammen. Wenn viele Menschen mit unterschiedlicher Herkunft und kulturellem Hintergrund zusammen an einem Ort leben, spricht man auch von Multikulturalität, was übersetzt »viele Kulturen« bedeutet – oder kurz: Multikulti! Wie vielfältig die Menschen sind, lässt sich besonders schön an den in vielen Städten stattfindenden Festen sehen, wo unterschiedliche Kulturen ihre Traditionen vorstellen und miteinander feiern.

Angeberwissen

Was ist eine Charta?

Eine Charta ist eine Urkunde, in der wichtige Dinge festgehalten werden, die das Völker- oder Staatsrecht betreffen. In der »EU-Charta der Grundrechte« stehen zum Beispiel die Grundrechte der EU-Bürger, die in allen EU-Mitgliedstaaten gelten. Dazu gehören unter anderem die Menschenrechte, die auch in der Charta der Vereinten Nationen festgehalten sind.

Die ganze EU-Familie

Wer trat wann in die EU ein?
Die Farben der Länderumrisse verraten dir, wann welches Land EU-Mitglied wurde.

1951, 1973, 1981, 1986, 1995, 2004, 2007, 2013

Belgien

Hauptstadt: Brüssel

Amtssprachen: Niederländisch (Flämisch), Französisch, Deutsch

Die Belgier lieben Comics! So haben Lucky Luke und die Schlümpfe von Belgien aus die Welt erobert.

Deutschland

Hauptstadt: Berlin

Amtssprache: Deutsch

In dem bevölkerungsreichsten Land der EU leben nicht nur rund 84 Millionen Einwohner, sondern auch rund 25 Millionen Gartenzwerge!

Frankreich

Hauptstadt: Paris

Amtssprache: Französisch

Von Paris nach Konstantinopel (heute Istanbul): Der legendäre Orientexpress fuhr ursprünglich 3 052 Kilometer quer durch Europa.

Italien

Hauptstadt: Rom

Amtssprache: Italienisch

Italien ist das Land der Pizza und Pasta. Über 600 verschiedene Nudelformen gibt es hier. Welche Nudel auf den Teller kommt, hängt von der Soße ab!

Luxemburg

Hauptstadt: Luxemburg

Amtssprachen: Lëtzebuergisch, Französisch, Deutsch

Das kleine Großherzogtum Luxemburg hat nur rund 672 000 Einwohner. Trotzdem leben hier Menschen aus über 150 Nationen!

Niederlande

Hauptstadt: Amsterdam

Amtssprachen: Niederländisch, Friesisch

Die Niederländer radeln wie die Weltmeister! Nirgendwo ist die Fahrrad- und Radwegdichte höher als hier.

Dänemark

Hauptstadt: Kopenhagen

Amtssprache: Dänisch

Dänemark ist das Land der Legosteine! Ein dänischer Zimmermann erfand in den 1930er-Jahren die bunten Steine, die es heute in fast jedem Kinderzimmer gibt.

Irland

Hauptstadt: Dublin

Amtssprachen: Irisch, Englisch

In Irland haben Schafe Vorfahrt! Zumindest auf kleineren Straßen. Hier leben doppelt so viele Schafe wie Einwohner: acht Millionen!

Griechenland

Hauptstadt: Athen

Amtssprache: Neugriechisch

Die alten Griechen sind die Erfinder der Demokratie und der Olympischen Spiele, die sie zu Ehren des Gottes Zeus begingen.

Portugal

Hauptstadt: Lissabon

Amtssprache: Portugiesisch

Das portugiesische Nationalgericht ist Bacalhau. Das ist mit viel Salz haltbar gemachter Fisch. Angeblich gibt es 365 Rezepte!

Spanien

Hauptstadt: Madrid

Amtssprachen: Spanisch, Katalanisch, Galicisch, Baskisch, Aranesisch

In Valencia gibt es jedes Jahr eine riesige Tomatenschlacht. Tausende Menschen nehmen daran teil.

Finnland

Hauptstadt: Helsinki

Amtssprachen: Finnisch, Schwedisch

Die Finnen sind berühmt für verrückte Sportarten: Hier gibt es unter anderem die Weltmeisterschaft im Handyweitwurf.

Österreich

Hauptstadt: Wien

Amtssprachen: Deutsch, Slowenisch, Kroatisch, Ungarisch

Hier findet man den größten unterirdischen See Europas und die weltweit größte Eishöhle.

Schweden

Hauptstadt: Stockholm

Amtssprache: Schwedisch

Von Schweden aus eroberte Pippi Langstrumpf die Kinderzimmer. Die Bücher Astrid Lindgrens wurden in mehr als 50 Sprachen übersetzt!

Estland

Hauptstadt: Tallinn

Amtssprache: Estnisch

Zu Estland gehören über 1500 Inseln! Die größten heißen Saaremaa, Hiiumaa und Muhu. Nur 19 der estnischen Inseln sind bewohnt.

Lettland

Hauptstadt: Riga

Amtssprache: Lettisch

Lettisch gehört neben Litauisch zu den ältesten Sprachen Europas! Beide sind verwandt mit dem Sanskrit, der antiken Sprache Indiens.

Litauen

Hauptstadt: Vilnius

Amtssprache: Litauisch

In Litauen gehen Bernsteinfischer seit Jahrhunderten auf Schatzsuche: Im Wasser der Ostsee suchen sie nach den goldgelben Bernsteinen.

Malta

Hauptstadt: Valletta

Amtssprachen: Maltesisch, Englisch

Jedes Jahr verlassen etwa 100 Millionen Playmobil-Figuren den Inselstaat. Die berühmten Plastikfiguren werden hier hergestellt.

Polen

Hauptstadt: Warschau

Amtssprache: Polnisch

In Wieliczka bauten Bergleute in einem Salzbergwerk eine Kirche: Wände, Decken und Statuen sind hier aus Salz. Schilder warnen dort: Bitte nicht lecken!

Slowakei

Hauptstadt: Bratislava

Amtssprache: Slowakisch

Die Slowakei ist das Land der Burgen und Schlösser! Viele von ihnen stammen noch aus dem Mittelalter. Die Zipser Burg ist die größte in Mitteleuropa.

Slowenien

Hauptstadt: Ljubljana

Amtssprache: Slowenisch

In Slowenien werden die Lipizzaner-Pferde gezüchtet, die nach dem Gestüt Lipizza benannt sind. Die meisten haben ein weißes Fell, es gibt aber auch braune!

Tschechische Republik

Hauptstadt: Prag

Amtssprache: Tschechisch

In Prag steht die größte, heute noch bewohnte Burg der Welt! Dort residiert der tschechische Präsident.

Ungarn

Hauptstadt: Budapest

Amtssprache: Ungarisch

Unser ungarisches Gulasch heißt in Ungarn Pörkölt: Ein beliebtes Gericht aus Rindfleisch, Kartoffeln, Gemüse und Paprika, der hier in vielen Arten angebaut wird!

Zypern

Hauptstadt: Nikosia

Amtssprachen: Griechisch, Türkisch

Meeresschildkröten vergraben oft an den Stränden der Insel ihre Eier und verschwinden dann wieder im Meer.

Bulgarien

Hauptstadt: Sofia

Amtssprache: Bulgarisch

Verwirrende Körpersprache: Bulgaren schütteln den Kopf, wenn sie »ja« meinen. Ein Nicken bedeutet »nein«. Es ist also genau andersherum als bei uns!

Rumänien

Hauptstadt: Bukarest

Amtssprache: Rumänisch

In Transsilvanien haust der blutsaugende Vampir Graf Dracula! Vorbild für die Figur war der grausame Fürst Vlad III. Draculea, der hier vor über 500 Jahren lebte.

Kroatien

Hauptstadt: Zagreb

Amtssprache: Kroatisch

Das jüngste Mitglied der EU-Familie ist die Heimat der Dalmatinerhunde! Ihre Flecken bekommen sie übrigens erst später. Bei ihrer Geburt sind sie noch weiß!

Schon gewusst?

Bis zum Jahr 2020 war auch Großbritannien Mitglied in der EU.

Eine Währung für alle

Die Euro-Hüterin: Das Gebäude der Europäischen Zentralbank steht in Frankfurt am Main.

Italienische Lira, Französische Franc oder Niederländische Gulden: Wer vor der Einführung des Euros durch Europa reiste, musste ständig umrechnen und Geld tauschen. Doch seit 2002 gibt es eine einheitliche europäische Währung und das Bezahlen in den meisten Staaten der EU ist viel einfacher geworden. Insgesamt 20 Länder haben ihre alte Währung aufgegeben und sich der sogenannten Währungsunion angeschlossen: In Belgien, Deutschland, Estland, Finnland, Frankreich, Griechenland, Irland, Italien, Lettland, Litauen, Luxemburg, Malta, den Niederlanden, Österreich, Portugal, der Slowakei, Slowenien, Spanien, Zypern und Kroatien zahlt man nun mit dem Euro. Auch in Andorra, Monaco, San Marino, Vatikanstadt, Montenegro und dem Kosovo gilt die europäische Währung. Doch das gemeinsame Geld macht nicht nur das Bezahlen an der Kasse leichter. Auch für die Wirtschaft brachte der Euro viele Vorteile mit sich. Denn das ständige Umtauschen konnte ganz schön teuer werden. Da eine Währung nicht immer den gleichen Wert hat, bekommt man nämlich beim Geldwechsel nicht immer gleich viel. 1994 gab es für eine Deutsche Mark zum Beispiel 1005 Italienische Lira, ein Jahr später bekam man dafür 1133 Lira und nach 1996 war 1 Mark nicht einmal 1000 Lira wert! Solche Schwankungen im sogenannten Wechselkurs sind nicht ungefährlich: Ein Unternehmen, das heute Waren ins Ausland liefert, kann nämlich nie genau wissen, wie viel Geld es dafür zu einem späteren Zeitpunkt tatsächlich bekommt. Manchmal drohen durch den Umtausch hohe Verluste. Allerdings dürfen nicht alle Länder der EU automatisch in die Währungsunion eintreten: Damit der Euro seinen Wert behält, müssen sie bestimmte Voraussetzungen erfüllen, wenn sie den Euro einführen wollen: So dürfen sie keine zu hohen Schulden haben und ihre eigene Landeswährung muss stabil sein.

Vor dem Euro hatte jedes Land seine eigene Währung – und natürlich eigene Geldscheine!

Sind alle Euros gleich?

Die sieben verschiedenen Euroscheine sehen in allen Ländern gleich aus: Auf den Vorderseiten sind je nach Geldschein unterschiedliche Fenster oder Tore zu sehen, die für die Offenheit und Zusammenarbeit in Europa stehen. Die Rückseiten sind mit Brücken verziert: Sie symbolisieren die Verbindung zwischen den europäischen Völkern. Vielfältiger wird es bei den Münzen: Die Vorderseiten sehen ebenfalls gleich aus; die Rückseiten darf allerdings jedes Land selbst gestalten.

Eine Kugel Eis? Das macht …

In manchen EU-Ländern wurde der Euro (noch) nicht eingeführt. Willst du hier eine Kugel Eiscreme kaufen, heißt es erst mal: umtauschen, zum Beispiel in Ungarische Forint, Schwedische Kronen oder Kroatische Kuna. Das Wechselgeld ist dann ein prima Urlaubssouvenir!

Wer passt auf den Euro auf?

Die Europäische Zentralbank oder kurz EZB ist die zentrale Bank für alle Staaten, die den Euro eingeführt haben. Sie ist vollkommen unabhängig und keine Regierung darf ihr Vorschriften machen. Die EZB achtet darauf, dass der Euro seinen Wert behält und stabil bleibt. Deshalb hat sie immer genau im Blick, wie viel Geld gerade im Umlauf ist.

So sieht die Rückseite des neuen 5-Euro-Scheins aus.

Diese Linien kannst du ertasten.

Die Farbe der Zahl verändert sich von Smaragdgrün zu Tiefblau, wenn du den Schein kippst.

Porträt von Europa.

Jedes Land gestaltet die Rückseiten seiner Euromünzen selbst.

Angeberwissen

Sicher ist sicher!

Damit Fälscher kein leichtes Spiel haben, sind in die Euroscheine viele Sicherheitsmerkmale eingebaut: Das eingearbeitete Hologramm und der Spezialfolienstreifen verändern ihre Motive, wenn du den Schein kippst. Das Wasserzeichen wird sichtbar, wenn du das Papier gegen das Licht hältst. Zusätzlich gibt es einen Farbeffektstreifen, einen Sicherheitsfaden und die sich verändernde Farbe der Zahl.

Eine Stadt stellt sich vor

Die meisten Menschen denken sofort an Brüssel, wenn über die EU gesprochen wird. Denn obwohl die belgische Hauptstadt mit rund 190 000 Einwohnern im Vergleich zu anderen europäischen Metropolen recht klein ist, wird hier große Politik gemacht! Denn Brüssel beherbergt den Sitz der Europäischen Kommission und auch das Europaparlament tagt hier regelmäßig.
In den Straßen der Stadt sieht man daher Menschen aus allen Teilen der Welt: Neben Politikern sind es zum Beispiel Journalisten, Dolmetscher und Menschen, die für große Organisationen arbeiten. Logisch, dass die Brüsseler ziemlich weltoffen sind und die Stadt einen ganz besonderen, internationalen Charme hat!
Das Wahrzeichen der Stadt ist übrigens das Manneken Pis, den man auch »le Petit Julien« nennt. Dabei handelt es sich um einen kleinen, nur 61 Zentimeter großen Jungen aus Bronze, der den ganzen Tag munter in einen Brunnen pinkelt.

Hat die EU eine Hauptstadt?

Anders als die einzelnen Nationalstaaten hat die EU keine Hauptstadt. Darauf wurde ganz bewusst verzichtet, denn dann würde ja das Land, in dem die Stadt liegt, eine herausragendere Rolle erhalten. Dies wollte man aber vermeiden. Die Organisationen der EU haben daher in ganz verschiedenen Städten ihr Lager aufgeschlagen. So befindet sich der Europäische Gerichtshof in Luxemburg, das Hauptquartier des Europäischen Parlaments steht im französischen Straßburg und die Europäische Zentralbank hat ihren Sitz in Frankfurt am Main.

Europäischer Rat
Sitz des Europäischen Rates ist das Justus-Lipsius-Gebäude in Brüssel. Mindestens zweimal im Halbjahr kommt der Rat hier zusammen.

Europäischer Gerichtshof
Der Europäische Gerichtshof hat seinen Sitz in Luxemburg.

5

Europäische Kommission
Die Europäische Union hat ihren Sitz im Berlaymont-Gebäude in Brüssel. In der Regel treffen sich die 27 Mitglieder, die »Kommissare«, einmal in der Woche.

Europäischer Ministerrat

Der Rat der Europäischen Union, wie der Ministerrat offiziell heißt, tagt ebenfalls im Brüsseler Justus-Lipsius-Gebäude.

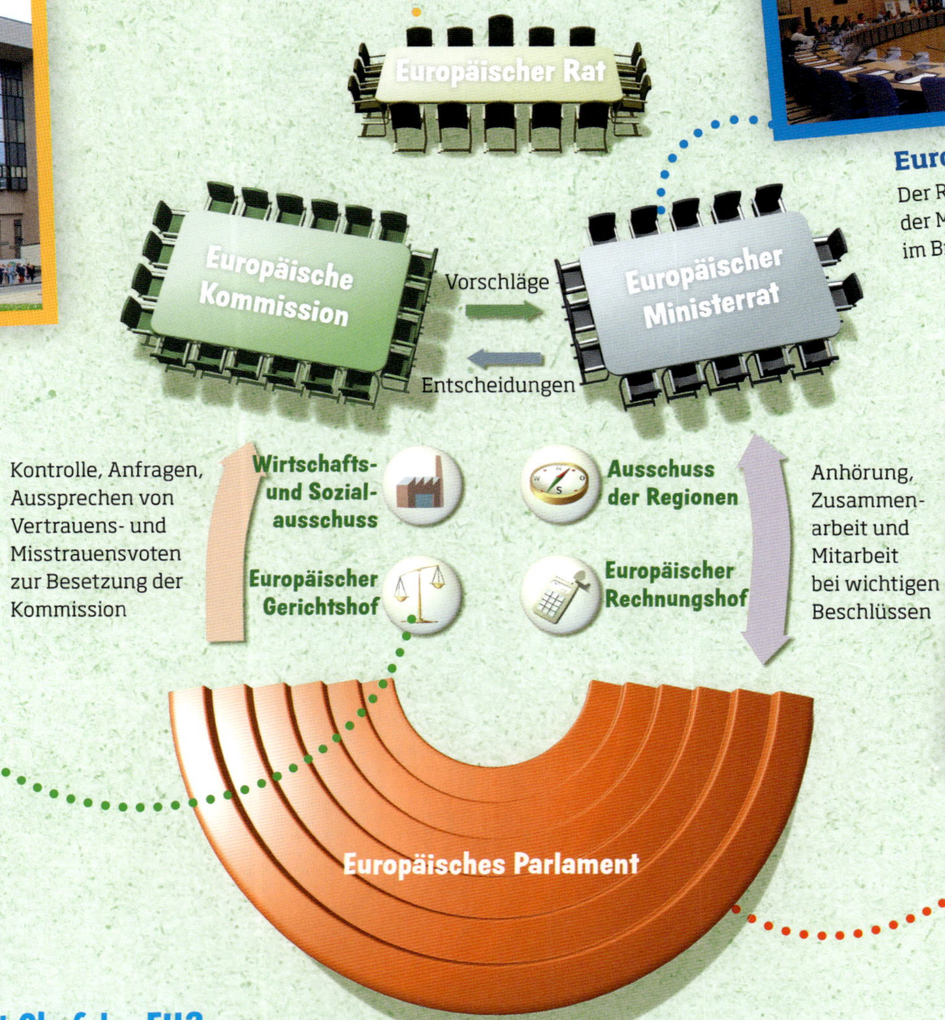

Europäisches Parlament

Das Louise-Weiss-Gebäude im französischen Straßburg ist der Sitz des Europäischen Parlaments. Hier treffen sich die Mitglieder zu ihren monatlichen Sitzungen. Sogenannte Arbeitsorte sind außerdem Brüssel und Luxemburg.

Wer ist Chef der EU?

Einen richtigen Chef hat die EU nicht. Das oberste Entscheidungsgremium der EU ist der Europäische Rat. In diesem Rat treffen sich die Staats- und Regierungschefs aller EU-Mitgliedstaaten und beratschlagen miteinander. Bei diesen sogenannten Gipfeltreffen stimmen sie etwa über wichtige Fragen der Außenpolitik ab oder suchen Lösungen für dringende Finanzfragen. Alle sechs Monate stellt ein anderes Land den Ratspräsidenten. Seit 2009 wählt der EU-Rat einen Präsidenten, der dieses Amt für zweieinhalb Jahre innehat. Damit gibt es nun auch eine Person, die innerhalb und außerhalb der EU die Europäische Gemeinschaft repräsentiert. Zu ihren Aufgaben gehört unter anderem die Vorbereitung der Gipfeltreffen.

Unglaublich!

Das kleine Manneken Pis verfügt über eine ziemlich große Garderobe: Mehrere 100 Kostüme haben die Brüsseler ihm schon geschneidert! Zu den verschiedensten Anlässen hat das Bronzemännlein das passende Outfit: Am Todestag von Elvis trägt es zum Beispiel ein Kostüm des King of Rock'n'Roll. Es verwandelt sich aber auch schon einmal in Obelix oder in den Komponisten Wolfgang Amadeus Mozart.

Wer macht die Gesetze?

Dafür oder dagegen? Die Abgeordneten stimmen mit Handzeichen ab.

Die Gesetze, an die sich die EU-Staaten halten müssen, werden vom Rat der Europäischen Union, kurz EU-Ministerrat, und dem Europäischen Parlament gemacht. Im EU-Ministerrat treffen sich die jeweils zuständigen Minister der einzelnen Länder: Geht es zum Beispiel um den Umweltschutz, kommen die Umweltminister zu den Beratungen – bei Themen, die den Euro oder die Finanzen betreffen, reisen die Finanzminister an. Der Rat beschließt dann die Gesetze. Dabei müssen die Minister die Entscheidungen beachten, die die Regierungschefs auf ihren Gipfeltreffen beschlossen haben.

Der Europäische Ministerrat arbeitet eng mit dem Europäischen Parlament zusammen. Darin sitzen die von der europäischen Bevölkerung gewählten Vertreter. Jedes Land kann abhängig von seiner Größe eine bestimmte Anzahl an Parlamentariern entsenden. Die Parlamentarier gehören alle einer bestimmten Partei an; insgesamt gibt es fast 100 verschiedene! Da es aber in den jeweiligen EU-Staaten viele

Parteien gibt, die sich ähnlich sind, kann man sie in acht Gruppen, den Fraktionen, zusammenfassen. So gibt es zum Beispiel eine Europäische Volkspartei, eine Sozialdemokratische Partei Europas, Grüne, Konservative oder Liberale. Die Parlamentarier dürfen in vielen Bereichen mitbestimmen, was in den Gesetzen steht. Und manche Gesetze können nur dann in Kraft treten, wenn das Europäische Parlament zustimmt. So darf ohne dessen Genehmigung kein neues Land in die EU aufgenommen werden.

Bei einem Treffen der EU-Kommission diskutieren die Mitglieder am runden Tisch.

Wer sorgt dafür, dass die Regeln umgesetzt werden?

Die Europäische Kommission kümmert sich darum, dass die Beschlüsse, die der EU-Ministerrat und das Europäische Parlament gefasst haben, auch wirklich in den einzelnen Mitgliedstaaten durchgesetzt werden. Man spricht deshalb auch von der »Hüterin der EU-Verträge«. Wenn ein Land die Beschlüsse nicht umsetzt, wird es von der Kommission ermahnt. Nützt das nichts, kann sie sogar Strafen verhängen. Darüber hinaus kann die Kommission dem Parlament und dem Rat auch neue Gesetze vorschlagen. Außerdem kommen die EU-Kommissare zum Einsatz, wenn beispielsweise Verträge mit Nicht-EU-Staaten abgeschlossen werden. Jedes Land hat einen Vertreter in der EU-Kommission; derzeit gibt es daher 26 Kommissare und einen Präsidenten. Sie werden von den Regierungen der EU-Staaten vorgeschlagen. Wenn das EU-Parlament dem Vorschlag zustimmt, werden sie für fünf Jahre ernannt. Und dann gibt es natürlich noch den Europäischen Gerichtshof! Er ist das höchste Gericht der EU und seine Richter achten darauf, dass die Verträge zwischen den EU-Staaten eingehalten werden. Außerdem prüfen sie, ob die Gesetze, die die Regierungen der einzelnen Staaten beschließen, auch mit den Gesetzen der EU in Einklang stehen.

Jugendliche machen Politik: Dreimal im Jahr tagt das Europäische Jugendparlament, an dem etwa 300 Jugendliche aus ganz Europa teilnehmen.

Die Parlamentarier sitzen im Saal nach Fraktionen geordnet, nicht nach ihrer Nationalität.

Angeberwissen

Auch du kannst Politik für Europa machen, zum Beispiel im Europäischen Jugendparlament. Dort tauschen sich Jugendliche im Alter von 16 bis 22 Jahren aus ganz Europa über wichtige politische Themen wie Menschenrechte, Umweltschutz oder Sozialpolitik aus.

Schon geregelt!

Auch wenn es oft so aussieht, als ob die EU in unserem Alltag keine Rolle spielt – das täuscht gewaltig! Denn die Entscheidungen der EU betreffen uns ganz konkret. In den letzten Jahren hat die Staatengemeinschaft viele Beschlüsse auf den Weg gebracht, die das Zusammenleben der Nationen regeln. Zwar gibt es noch Unterschiede zwischen den Ländern – so gilt in Irland, Zypern oder Malta auf den Straßen Linksverkehr –, doch in vielen Bereichen haben die EU-Regeln das Leben einheitlicher und leichter gemacht!

Quer durch Europa

So können wir heute zum Beispiel ganz problemlos durch die EU reisen, in anderen Mitgliedstaaten Urlaub machen oder sogar ganz dort hinziehen und arbeiten. Für uns ist diese Reisefreiheit ganz selbstverständlich. Doch erst 1995 beschloss die EU im sogenannten Schengener Abkommen, die Kontrollen an den Grenzen zwischen den EU-Staaten abzuschaffen. Davor musste man noch jedes Mal, wenn man von einem EU-Land ins nächste reiste, seinen Ausweis vorlegen, der von einem Zollbeamten kontrolliert wurde.

Essen – aber sicher!

Die EU kümmert sich auch darum, dass die Lebensmittel, die in Europa angeboten werden, sicher sind und der Gesundheit nicht schaden. So hat sie eine Vielzahl von Regeln für die Lebensmittelhersteller aufgestellt. Diese müssen zum Beispiel auf allen Nahrungsmitteln angeben, welche Zutaten und Bestandteile sie verwendet haben. So kannst du auf der Verpackung immer genau nachlesen, was in deinem Essen steckt! Genauso setzt sich die EU dafür ein, dass keine Spielzeuge verkauft werden, in denen giftige Stoffe verarbeitet wurden. Denn die Gesundheit und das Wohlergehen der Bürger haben für die EU höchste Priorität!

3

Ab ins Ausland

Auch wer im europäischen Ausland eine Ausbildung machen, ein Schuljahr verbringen oder studieren will, hat es jetzt einfacher! Denn die EU hat unterschiedliche Austauschprogramme ins Leben gerufen, die es Jugendlichen und jungen Erwachsenen ermöglichen, eine Zeit lang in einem anderen EU-Land zu leben oder dieses besser kennenzulernen. So fördert das Comenius-Programm etwa den Schüleraustausch von europäischen Schulen.

4

Gemeinsam für die Umwelt

Im Lauf der Zeit ist auch der Umweltschutz immer mehr Sache der EU geworden. Denn die Veränderung des Klimas und die Verschmutzung von Flüssen, Meeren oder der Luft machen an den Landesgrenzen nicht halt und bedrohen ganz Europa. Auch Tiere und Pflanzen kümmern sich nicht darum, in welchem Staat sie leben. Deshalb unterstützt die EU zum Beispiel den Ausbau von umweltfreundlichen Energien wie Windkraft und Solarenergie. Außerdem setzt sie sich für Naturschutzgebiete ein, die auch über Ländergrenzen hinweg verlaufen. Auch in unserem Alltag machen sich die EU-Regelungen zum Schutz der Umwelt bemerkbar: So werden seit 2013 in der EU keine normalen Glühlampen mehr verkauft, weil diese zu viel Energie verschwenden. Statt der leuchtenden Stromfresser schrauben die Menschen nun Energiesparlampen und LED-Leuchten in die Fassungen. Für Biolebensmittel wiederum gibt es mittlerweile ein europaweit einheitliches Biosiegel. Bunte Aufkleber auf Waschmaschinen und Kühlschränken geben an, wie viel Energie das Gerät verbraucht. So sieht der Käufer auf einen Blick, wie sparsam das Gerät wirklich ist. Denn wer Strom spart, schont die Umwelt!

Europa – ein Schwergewicht in der Welt

Diese Kaffeebohnen kommen aus Südamerika.

Europa ist ein wirtschaftliches Schwergewicht! Gemeinsam bilden die 27 Mitgliedstaaten mit rund 450 Millionen Einwohnern einen riesigen Wirtschaftsraum, in dem ein reger Handel zwischen den Ländern besteht. Gleichzeitig treiben die einzelnen EU-Staaten Handel mit fast allen Ländern rund um den Globus. Waren, die es hier nicht gibt oder die woanders billiger hergestellt werden, werden nach Europa eingeführt. Umgekehrt kaufen Nicht-EU-Länder technische Erzeugnisse und andere Güter aus der EU. Europas Wohlstand ist stark vom Handel abhängig: Nur wenn Menschen in aller Welt europäische Waren kaufen, geht es der Wirtschaft gut. Umgekehrt beeinflusst die wirtschaftliche Lage in Europa den Rest der Welt. So ist der Euro eine wichtige Währung. Schwächelt er, beeinflusst das auch die Wirtschaft in Asien, Afrika oder Amerika.

Von den Häfen aus werden die Waren mit Lkws und Zügen weitertransportiert.

Wo hilft die EU in der Welt?

Ein Leben in Frieden und Wohlstand, das fordert die Staatengemeinschaft nicht nur für die eigene Bevölkerung. Sie nutzt ihre starke Position, um sich weltweit für ein friedliches Miteinander, Demokratie und die Menschenrechte einzusetzen. So macht sie sich dafür stark, dass die Menschen überall auf der Welt Zugang zu sauberem Wasser haben, dass Kinderarbeit verboten wird

Die EU fördert Projekte in Afrika, damit Kinder dort in die Schule gehen können.

Um den Frieden zu bewahren, schickt die EU auch Schutztruppen in andere Länder.

und sich in den armen Regionen die Lebensbedingungen für die Bewohner verbessern. So finanziert sie Ausbildungsprojekte, damit junge Menschen einen Beruf erlernen können und eine Chance auf mehr Wohlstand erhalten. Doch die EU hilft nicht nur mit Geld, sie fördert auch den Handel: Damit arme Entwicklungsländer auf dem Weltmarkt mithalten können, erhebt sie keinen Zoll auf ihre Waren. So können diese ihre Produkte günstiger anbieten und mehr Geld verdienen.

Ein Friedenspreis für die EU

2012 erhielt die EU eine ganz besondere Auszeichnung: In Oslo wurde ihr der Friedensnobelpreis verliehen! Der Grund für die Ehrung: Die EU-Länder haben sich zu einer Gemeinschaft zusammengetan, die seit über 60 Jahren friedlich zusammenlebt. Das ist alles andere als selbstverständlich, denn viele Jahrhunderte lang gab es immer wieder Krieg in Europa!

2012 ging der Friedensnobelpreis an die EU.

Riesige Containerschiffe transportieren Waren kostengünstig in alle Welt.

Angeberwissen

Hat die EU einen Außenminister?

Der Hohe Vertreter der Europäischen Union für Außen- und Sicherheitspolitik ist so etwas wie der Außenminister der EU. Er ist auch Vizepräsident der Europäischen Kommission und Vorsitzender im Rat für Auswärtige Angelegenheiten. Seine wichtigste Aufgabe ist es, darauf zu achten, dass die EU-Mitgliedstaaten auch wirklich eine gemeinsame Außen- und Sicherheitspolitik betreiben.

Die Stimme im Ohr
Der Arbeitsplatz eines Dolmetschers: Vor ihm das Mikrofon, in das er hineinspricht und das über eine Leitung mit den Kopfhörern der Parlamentarier verbunden ist. Über den Bildschirm kann er den Redner am Rednerpult verfolgen.

Unauffällig und doch unverzichtbar: Der Dolmetscher übersetzt schnell das Gesagte.

Hör mal, wer da spricht!

Sie sitzen in kleinen Kabinen am Rande des Sitzungssaals – trotzdem sind sie den EU-Politikern ganz nah: die Dolmetscher. Konzentriert verfolgen sie über ihre Kopfhörer, was der Redner vorne vorträgt, und übersetzen das Gesagte dann innerhalb von Sekundenbruchteilen in eine andere Sprache. Die Politiker im Saal wiederum hören die Stimme der Dolmetscher über einen Kopfhörer. So können sie die Rede ihres Kollegen mit nur geringer Verzögerung verfolgen, obwohl dieser eine Sprache spricht, die sie nicht verstehen. Während der Dolmetscher die Übersetzung in ein Mikrofon spricht, verfolgt er zeitgleich die Rede des Sprechers weiter. Simultan zu dolmetschen – also zeitgleich zu übersetzen – ist Stress pur! Für die Politiker ist dieser Übersetzerdienst dagegen eine große Hilfe. Zwar können die meisten sehr gut englisch und deutsch sprechen. Aber wenn es um komplizierte Fachthemen geht, benutzen sie doch lieber ihre eigene Sprache. Deshalb darf jeder Parlamentarier Reden vor dem Parlament in seiner Muttersprache halten. Da aber nicht jeder Politiker zum Beispiel Gälisch oder Finnisch spricht, sind zuverlässige Übersetzer unentbehrlich.

In Griechenland zeigen Straßenschilder unter der griechischen Schreibweise oft auch den Ortsnamen in lateinischen Buchstaben.

Übersetzer dringend gesucht!

In der EU werden 24 verschiedene Amtssprachen gesprochen und für alle Sprachen gibt es Dolmetscher und Übersetzer. Allein für die EU-Kommission in Brüssel arbeiten

2 500 vielsprachige Menschen – schließlich müssen ja auch unzählige Papiere, Formulare, Briefe und Vorlagen übersetzt werden. Kein Wunder, dass zuverlässige Übersetzer hier händeringend gesucht werden! Zwar gibt es genügend Fachkräfte, die deutsch, englisch, französisch oder spanisch sprechen. Schwierig wird es jedoch, wenn ein Dokument zum Beispiel aus dem Dänischen ins Litauische übersetzt werden muss. Um in den Übersetzerdienst aufgenommen zu werden, muss man neben seiner Muttersprache mindestens noch zwei weitere Sprachen sprechen. Es ist aber keine Seltenheit, dass ein Dolmetscher aus sechs, sieben oder acht verschiedenen Sprachen übersetzt! Neben einem guten Sprachgefühl braucht er auch ein großes Fachwissen. Denn egal, ob es in den Sitzungen um Fischfang, Tierschutz oder Finanzdinge geht: Der Dolmetscher darf den roten Faden der Rede auf keinen Fall verlieren! Aber natürlich kann auch das größte Sprachgenie nicht alle Fachbegriffe übersetzen. Für solche Fälle haben sie dann Wörterbücher und Vokabellisten griffbereit.

Auch wenn Großbritannien 2020 aus der EU ausgetreten ist: Englisch ist in ganz Europa eine wichtige Sprache und im EU-Staat Irland immer noch eine der beiden Amtssprachen.

Sprachen lernen in Europa

Viele junge Menschen, die eine fremde Sprache lernen wollen, entscheiden sich für Französisch, Spanisch, Englisch oder Deutsch. Mit diesen großen Sprachen kann man sich fast überall auf der Welt verständigen. Doch es lohnt sich auch, eine weniger verbreitete Sprache zu lernen. Und nicht nur in der EU, auch in der Wirtschaft werden Menschen gesucht, die möglichst sprachengewandt sind. Denn mit der Sprache eines Landes lernt man auch vieles über die Menschen, die sie sprechen, und ihre Kultur. Das macht eine gute Verständigung viel leichter möglich!

Funny Fact

Auch Hunde bellen überall anders!

woef-woef (niederländisch)
γαν γαν (griechisch)
hau hau (polnisch)
woof-woof (englisch)
wau (französisch)
vov vov (dänisch)
bau bau (italienisch)

Schule hier und anderswo

Egal ob in Finnland, Kroatien, Zypern oder Irland: Überall in der EU herrscht Schulpflicht. Das heißt, dass im Alter von fünf bis sieben Jahren alle Kinder in die Schule kommen, um zum Beispiel lesen, schreiben und rechnen zu lernen. Doch bei allen Gemeinsamkeiten gibt es natürlich auch viele Unterschiede. Während in Deutschland der Unterricht meist um Mittag herum endet, kommen in vielen Ländern, wie etwa Frankreich oder Schweden, die Schüler erst am späten Nachmittag aus der Schule nach Hause. In Österreich steht nach vier Jahren Grundschule der Schulwechsel auf eine Hauptschule, eine Realschule oder auf eine allgemeinbildende höhere Schule an. In Dänemark, Finnland oder Schweden besuchen alle Schüler zunächst neun Jahre eine Gesamtschule; anschließend können sie auf eine weiterführende Schule wechseln.

In Irland und Polen sind an vielen Schulen Schuluniformen Pflicht. Die Jungen tragen oft Hemd und Schlips, die Mädchen gehen in Bluse und Faltenrock zum Unterricht. Auch bei der Notenvergabe gibt es große Unterschiede: In den meisten Ländern reicht der Notenschlüssel von 1 (sehr gut) bis 5 oder 6 (ungenügend). In Lettland werden die Noten 1 (sehr schwach) bis 10 (ausgezeichnet) vergeben, in Luxemburg sind Bewertungen von 1 (sehr schlecht) bis 60 (sehr gut) möglich.

In Finnland wiederum gibt es in den ersten vier Jahren weder Prüfungen noch Noten!

Eine Klasse, viele Sprachen! Sprachenvielfalt in europäischen Schulen.

In den Europaschulen lernen Kinder vieler unterschiedlicher Nationen gemeinsam.

Was sind Europaschulen?

Wer für die EU arbeitet, muss häufig dorthin ziehen, wo die EU-Behörden ihren Sitz haben. Die meisten wollen aber natürlich

Schule ist Pflicht in der EU! Gemeinsam mit anderen kann das Lernen aber auch viel Spaß machen.

Funny Fact

Die längsten Sommerferien haben die Schüler in Lettland: Hier bleibt die Schule vom 1. Juni bis zum 1. September geschlossen.

Alle tragen das Gleiche! An manchen europäischen Schulen sind Schuluniformen Pflicht.

ihre Familie mitnehmen. Deshalb wurden in Städten wie Brüssel, Luxemburg und Frankfurt, wo viele EU-Beamte leben, Europäische Schulen gegründet. Das Besondere daran: Hier werden die Kinder in kleinen Gruppen in ihrer Muttersprache und nach dem Lehrplan des Heimatlandes unterrichtet. Außerdem steht ab der ersten Klasse eine zweite Sprache auf dem Stundenplan. Ab der sechsten Klasse werden einzelne Fächer in der ersten Fremdsprache gegeben. So lernen die Kinder ganz fix neue Sprachen!

Fußball ist unser Leben!

Der FC Bayern München gewinnt 2013 die Champions League. Martínez feiert mit dem Pokal.

Das Runde ...
muss ins Eckige! Zwar gibt es eine Menge Regeln, doch worum es beim Fußball geht, ist leicht erklärt.

Football's coming home, »Fußball kommt nach Hause«, so sangen die britischen Fans begeistert bei der Fußball-Europameisterschaft 1996, die in Großbritannien stattfand. Denn, da sind sich alle Bewohner der westeuropäischen Insel einig: Der moderne Fußball wurde in England erfunden! Zwar wird schon seit ewigen Zeiten fast überall auf der Welt mit einem Ball gespielt, doch die ersten allgemeingültigen Fußballregeln wurden 1848 an der Universität von Cambridge aufgestellt. Neun Jahre später kam es dann in der englischen Stadt Sheffield zur Gründung des ersten reinen Fußballvereins der Welt. Und auch bei der Gründung eines Fußballverbandes hatten die Engländer weltweit die Nase vorn. Der eingängige Fußballsong wird heute von Fans aus ganz Europa als Fußballhymne gesungen. Und tatsächlich: Fußball ist in ganz Europa zu Hause. Die großen Turniere werden überall begeistert verfolgt. Und in Madrid, Paris oder Rom üben Kinder gleichermaßen die Tricks der großen Stars.
Die wichtigsten Turniere, in denen Mannschaften aus verschiedenen Ländern in Europa gegeneinander spielen, sind die Europameisterschaft, die Champions League und die Europa League (UEFA Cup). Die Europameisterschaft findet alle vier Jahre statt. Bei diesem Turnier

Sie sind »der 12. Mann« beim Fußball: die Fans, egal ob männlich oder weiblich!

Eine Champions League gibt es auch bei den Handballern.

treten die Nationalmannschaften der einzelnen Länder gegeneinander an. Die Champions League ist ein Turnier für Vereinsmannschaften: Jeweils die Erstplatzierten der nationalen Fußballligen spielen gegeneinander um den europäischen Thron. Auch die Europa League ist ein Turnier für Clubmannschaften. Hier treffen allerdings nicht die allerbesten Teams Europas aufeinander, sondern die, die sich in den nationalen Ligen direkt hinter den Champions-League-Teilnehmern platzieren konnten.

Sportlicher Wettkampf in anderen Disziplinen

Aber natürlich gibt es in Europa noch andere Sportarten als Fußball! Als besonders europäisch gilt zum Beispiel Handball: Auf unserem Kontinent ist dieser Mannschaftssport gleich nach Fußball die zweitbeliebteste Sportart. Außerhalb Europas ist der körperbetonte Sport allerdings nicht sehr populär. Die Handball-Europameisterschaften finden alle zwei Jahre statt. Bei den Männern sind Schweden und Frankreich mit vier Europameistertiteln bisher die erfolgreichsten Nationen. Bei den Frauen sind es die Norwegerinnen, die bislang schon insgesamt neunmal Europameister wurden. Ein beliebter Sportimport aus Amerika ist Basketball; spielstark sind hier vor allem die Südeuropäer. Weitere wichtige Sportveranstaltungen sind etwa die Europameisterschaften im Schwimmen oder in der Leichtathletik. Diese sportlichen Höhepunkte finden alle zwei Jahre jeweils in einer anderen großen europäischen Stadt statt. Dabei messen sich die Besten der Besten aus allen europäischen Ländern. Bei solchen Großveranstaltungen lernen sich natürlich auch die Fans aus den unterschiedlichen Nationen kennen und nach dem Wettkampf feiert man gemeinsam die Sieger.

Angeberwissen

▶ Nicht nur auf dem Sportplatz treten die Nationen Europas gegeneinander an. Beim Eurovision Song Contest werden die besten Sänger und ihre Lieder prämiert. 1956 fand das Musikfest in der Schweizer Stadt Lugano erstmals statt. Den Sieger bestimmen die Fernsehzuschauer in ganz Europa via Telefonvoting.

Jetzt wird gefeiert!

Sommersonnenwende

In vielen europäischen Ländern wird im Juni die Sommersonnenwende gefeiert. In Schweden ist das Mittsommerfest der zweitgrößte Feiertag des Jahres. In jedem Ort wird ein geschmückter Baumstamm aufgerichtet, um den die Bewohner tanzen. Die Dänen feiern dann das Sankt-Hans-Fest, bei dem in der Nacht zum 24. Juni eine Strohhexe verbrannt wird.

So vielfältig wie die einzelnen europäischen Länder, so bunt sind auch die Feste, die in Europa gefeiert werden. Manche Feiertage, wie Ostern oder Weihnachten, werden in allen Ländern begangen. Allerdings mit ganz unterschiedlichen Bräuchen! So findet in Irland alljährlich an Ostern ein feierliches Heringsbegräbnis statt – nach der langen Fastenzeit, in der der Fisch ständig auf den Tisch kam, mag den nämlich niemand mehr essen. In Bulgarien bewerfen sich die Familien mit bunt bemalten Ostereiern und in Finnland gehen die Kinder als Osterhexen verkleidet von Tür zu Tür, um Süßigkeiten zu erbitten. Doch natürlich haben die einzelnen Staaten und Regionen der EU auch noch ihre ganz eigenen Feste, an denen sie ihre Bräuche, Sitten und Traditionen pflegen!

St. Patricks Day

Am 17. März feiern Iren und irische Auswanderer weltweit ihren Schutzpatron, den heiligen Patrick. Ganz Irland ist an diesem Tag grün geschmückt und in einigen Städten werden sogar die Flüsse grün gefärbt!

Hoch hinaus geht's beim La-Mercè-Fest im spanischen Barcelona: Bei diesem Straßenfest entstehen »Castells« – menschliche Türme.

Up Helly Aa

Am letzten Dienstag im Januar feiern die Bewohner der Shetlandinseln das Wikingerfest Up Helly Aa. Mit Einbruch der Dunkelheit beginnt ein prächtiger Fackelumzug und tausend als Wikinger verkleidete Inselbewohner tragen ein riesiges hölzernes Wikingerschiff durch die Straßen, das am Ende in Flammen aufgeht.

Weißer Karneval

Auf der kanarischen Insel La Palma wird an Rosenmontag weißer Karneval gefeiert. Das Fest erinnert an die glückliche Heimkehr reich gewordener kanarischer Auswanderer, die einst in einer Notzeit ihre Insel in Richtung Südamerika verlassen hatten. Alle tragen weiße, karibische Kleidung, tanzen zu südamerikanischer Musik und bewerfen sich mit Talkumpuder, bis alles in eine weiße Wolke gehüllt ist.

Funny Fact

Die Geburtstagstorte ist eine Erfindung der alten Griechen. In der Antike gab es den Brauch, den Geburtstag der Mondgöttin Artemis mit einem runden, mit Kerzen geschmückten Kuchen zu feiern.

Sechseläuten

Jedes Jahr im April lädt die Schweizer Stadt Zürich zum Frühlingsfest ein. Zum Sechseläuten zieht ein prächtiger Kostümumzug der Zünfte durch die Stadt. Am Abend wird der Böögg, ein riesengroßer, künstlicher Schneemann, als Symbol für den Winter feierlich verbrannt.

Väterchen Frost

In Russland bekommen die Kinder in der Neujahrsnacht Besuch von Väterchen Frost und seiner Enkelin Schneeflöckchen. Die beiden fahren auf einem Schlitten und bringen Geschenke.

Glossar

Amtssprache: Offizielle Sprache, die auch von der Regierung und den Behörden benutzt wird.

Beitrittskandidat: Europäischer Staat, der der EU beitreten möchte. Um offizieller Beitrittskandidat zu werden, reicht der Staat einen Beitrittsantrag ein, der vom Rat der Europäischen Union angenommen werden muss.

Binnenmarkt: Ein Handelsraum, innerhalb dessen es keine Grenzen gibt. In einem Binnenmarkt kann mit Waren, Dienstleistungen und Kapital freier Handel ohne Zollschranken betrieben werden.

Demokratie: Kommt aus dem Griechischen und bedeutet »Volksherrschaft«. In einer Demokratie wählen die Bürger ihre Vertreter, die eine Zeit lang die Regierung stellen sollen. Diese muss sich an die Regeln der Verfassung und an geltende Gesetze halten.

Europa (Name): So heißt die Prinzessin aus einer griechischen Sage, in der Göttervater Zeus sich in das Mädchen verliebt und sie auf einen Kontinent entführt, der nach ihr benannt wird: Europa.

Europäische Kommission: Sie sorgt dafür, dass alle Länder die Beschlüsse und Interessen der Staatengemeinschaft umsetzen. Jeder Mitgliedstaat hat einen Vertreter in der Kommission.

Europäische Union (EU): Eine Staatengemeinschaft aus derzeit 27 europäischen Ländern, die zusammenarbeiten, um in Europa für Frieden, Sicherheit und Wohlstand zu sorgen. Jeder Mitgliedstaat ist dabei selbstständig und besitzt eine eigene Regierung. Um der EU beitreten zu können, müssen verschiedene Kriterien erfüllt werden.

Europäische Zentralbank: Die zentrale Bank der EU-Länder, die den Euro als Währung eingeführt haben. Sie kümmert sich vor allem darum, dass der Euro stabil bleibt.

Europäischer Gerichtshof: Das höchste Gericht der EU. Es kontrolliert, ob alle Mitgliedsländer die Gesetze der EU befolgen und die nationalen Gesetze der Länder nicht im Widerspruch zum EU-Recht stehen.

Europäischer Ministerrat: Besteht aus den jeweiligen Ministern der EU-Mitgliedsländer und macht zusammen mit dem Parlament die Gesetze der EU.

Europäischer Rat: Setzt sich zusammen aus den Staats- und Regierungschefs der EU-Mitgliedsländer und gibt die politischen Richtlinien der EU vor.

Europäisches Parlament: Vertritt die Interessen der europäischen Bürger, die ihre Vertreter im Parlament direkt gewählt haben.

Europaschule: Das sind Schulen für Kinder von EU-Beamten, die nicht in ihrem Heimatland arbeiten.

Europatag: Ist der 9. Mai und erinnert an die Rede des französischen Außenministers Robert Schuman im Jahr 1950, mit der er den Grundstein für die heutige EU legte.

EU-Charta der Grundrechte: Beschreibt die Menschen- und Grundrechte, die jeder EU-Bürger hat.

EU-Verträge: Das sind grundsätzliche Vereinbarungen zwischen den EU-Mitgliedern. In den Verträgen sind die Grundlagen, Regeln, Ziele und Funktionen der EU festgesetzt.

Gipfeltreffen: So werden die Treffen des Europäischen Rats genannt.

Gründungsmitglied: Die sechs Gründungsmitglieder der Montanunion sind: Belgien, Deutschland, Frankreich, Italien, Luxemburg und die Niederlande.

Jugendparlament: Findet dreimal im Jahr statt und ist ein Treffen von Jugendlichen, die über wichtige politische Themen diskutieren.

Kommunismus: Ist eine politische Bewegung, die die Vorstellung vertritt, dass allen Menschen alles gemeinsam gehört. Einige Länder haben versucht, diese Idee zu realisieren, scheiterten jedoch.

Montanunion: Der offizielle Name lautet Europäische Gemeinschaft für Kohle und Stahl. Es war das erste europäische Staatenbündnis aus dem Jahr 1951. Es beaufsichtigte die Stahl- und Kohleproduktion der Gründungsmitglieder.

Schengener Abkommen: Beschluss, mit dem die Grenzen und Grenzkontrollen innerhalb der EU abgeschafft wurden. Auch einige Länder außerhalb der EU nehmen daran teil. Es ist die Grundlage für den europäischen Binnenmarkt.

Währung: Einheit des Geldes, mit dem in unterschiedlichen Ländern bezahlt wird. Der Euro ist eine gemeinsame Währung, die in vielen europäischen Ländern benutzt wird.

Währungsunion: Bündnis mehrerer europäischer Länder, die dieselbe Währung, den Euro, benutzen.

Wechselkurs: Preis einer Währung, ausgedrückt in einer anderen Währung. Wenn der Wechselkurs schwankt, sinkt oder steigt dieser Preis.

WAS IST WAS Band 113

Bildquellennachweis: Archiv Tessloff: 28-29Hg., 39ol; **Corbis:** 5ur (Guido Cozzi; Atlantide Phototravel), 7or (Craig Brown/Stocktrek Images), 9um (Andrew Brown/Ecoscene), 11ml (Chris Hepburn/Robert Harding World Imagery), 11or (Herbert Spichtinger), 11or (LEONHARD FOEGER/Reuters), 12ur (Ingo Arndt/Minden Pictures), 25ol (Jacques Langevin/Sygma), 31or (Robert Holmes), 33um (Thierry Tronnel), 45l (Kieran Galvin/ActionPlus), 45mr (Alexei Filippov/ITAR-TASS Photo), 46ur (ALBERT GEA/Reuters); **Council of Europe (COE):** 34or, 34um, 35mr, 35ur; **ddp images GmbH:** 44ml (star-images), 44um (star-images); **Europäische Kommission:** 20-21Hg., 22ur, 32um, 33or, 35om, 39mr; **Europäische Zentralbank:** 2or, 30-31mm, 30-31mm, 31mr, 31ul; **Europäischer Rat, Brüssel**: 32or (Mario Salerno); **Europäisches Parlament**: 33mr; **Fessy, G. © CJUE:** 32mr; **Getty:** 1 (Mike Timo), 2ur (Pietro Santi Bartoli), 3mr (VisitBritain/John Coutts), 6-7 (Pietro Santi Bartoli), 7mm (Russ Widstrand), 13ur (gremlin), 18ur (Paul Popper/Popperfoto), 19or (Rolls Press/Popperfoto), 23or (Gjon Mili), 27or (Adam Berry), 41or (Jeff J Mitchell), 42-43om (Michael DeLeon), 46ul (PETER MUHLY), 47om (VisitBritain/John Coutts), 47ml (AFP), 48or (Pietro Santi Bartoli); **iStock:** 38ol (bruceman), 44ol (gyener); **Knappe, Joachim:** 33ol; **Laska Grafix:** 4-5; **Mack, Ulrich, moser Verlag:** 22ul; **mauritius images:** 14ml (ib/Karl F. Schöfmann); **Nature Picture Library**: 37mm (Angelo Gandolfi); **Neanderthal Museum:** 7mr (M. Pietrek); **picture alliance:** 11mr (empics/Chris Ison), 11ul (dpa/Vincenzo Coraggio), 15mr (Arco Images GmbH/P. Weimann), 15ol (dpa/dpaweb/DB Thomas Porr), 16om (akg-images), 16or (The Advertising Archives), 16ul (akg-images), 16-17um (akg-images), 17ol (akg-images), 17or (Naef), 18om (akg-images), 19ml (akg-images), 19mr (akg-images), 22um (dpa/Klaus Rose), 23mm (akg-images), 23ol (akg-images), 23um (dpa), 25or (Kurt Röhrig/Helga Lade), 27ur (dpa/epa Karaba), 39or (dpa/Maxppp Sebastien Nogier), 40mr (empics/Stefan Rousseau), 40ol (dpa/Maryam Schumacher), 41ul (dpa/Achim Scheidemann), 42u (IMAGNO/Nora Schuster), 42-43um (dpa/Uli Deck), 45or (Mika Volkmann), 46mm (HB-Verlag/DUMONT Bildarchiv/Michael Riehle), 47um (EPA/STEFFEN SCHMIDT), 47ur (Alexey Nasyrov); **Shutterstock:** 2ml (lehvis), 4-5Hg. (Tupungato), 4-5 (Aleksandar Mijatovic), 5om (almgren), 9mr (Bostjan Uran), 10mr (Scirocco340), 12or (lehvis), 12ul (Olga_i), 12-13Hg. (Aleksander Bolbot), 13ol (Menno Schaefer), 13or (Matteo photos), 18-19Hg. (Roberaten), 19ur (Andi Berger), 20ol (chuckstock), 22-23Hg. (Roberaten), 25ur (jörg röse-oberreich), 26-27Hg. (Roberaten), 28-29Hg. (Triff), 28-29 (PILart), 30or (360degreeAeria), 32-33Hg. (Roberaten), 37om (Tyler Olson), 39ur (Roberaten), 40Hg. (Roberaten), 41mr (Cristi Matei), 42-43Hg. (Roberaten), 43mm (Monkey Business Images), 45Hg. (maxpro), 46-47Hg. (Roberaten), 47mr (joingate); **Thinkstock:** 3l (alxpin), 4ml (Alberto Simonetti), 4ur (Mnement), 6-7 (Johan Swanepoel), 8ml (Aleksander Bolbot), 8or (ArildHeitmann), 8um (Eric Gevaert), 8-9mm (Acomplish Photography), 10ul (jvdwolf), 11ol (Igor Skrynnikov), 11or (xyno), 12um (Iliuta Goean), 13om (Pal Teravagimov), 13ul (Kaido Kärner), 14um (Luciano Mortula), 15um (Fuse), 20or (interlight), 21um (alxpin), 21ml (rainprel), 21or (Hugo Hambursin), 24or (SerrNovik), 24um (TomasSereda), 26um (Digital Vision.), 26-27om (Dmitriy Shironosov), 30um (MichaelJay), 36or (BananaStock), 36um (Noel Hendrickson), 36-37mm (Jezperklauzen), 38ml (Gerard Koudenburg), 38-39u (Jaroslaw Baczewski), 40ul (David Fowler), 43mr (Stephen Rees)

Umschlagfotos: Shutterstock: U1 (Alexander Mak), U4 (Volina)

Gestaltung: independent Medien-Design

Copyright © 2013 TESSLOFF VERLAG,
Burgschmietstraße 2–4, 90419 Nürnberg
www.tessloff.com

Die Verbreitung dieses Buches oder von Teilen daraus durch Film, Funk oder Fernsehen, der Nachdruck, die fotomechanische Wiedergabe sowie die Einspeicherung in elektronische Systeme sind nur mit Genehmigung des Tessloff Verlages gestattet.

ISBN 978-3-7886-2067-7

MIX
Papier | Fördert gute Waldnutzung
FSC® C002795

Die Reihe wird fortgesetzt.

WAS IST WAS
MINERALIEN UND GESTEINE
Funkelnde Schätze
TESSLOFF

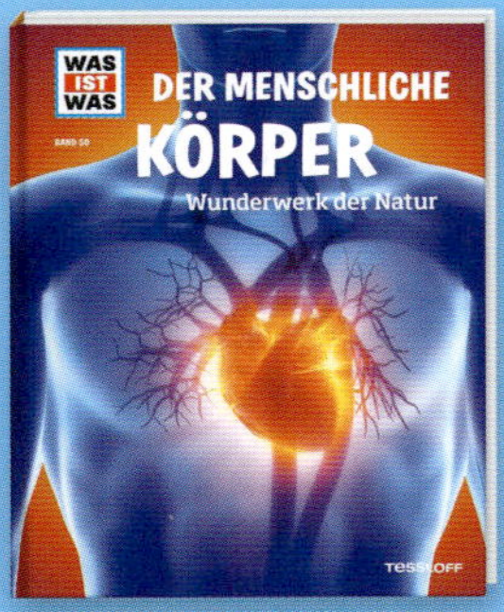
WAS IST WAS
DER MENSCHLICHE KÖRPER
Wunderwerk der Natur
TESSLOFF

WAS IST WAS
AUTOS
PS, Hybrid und Turbostars
TESSLOFF

WAS IST WAS
EISENBAHN
Auf Schienen in die Zukunft
TESSLOFF

WAS IST WAS
DAS ALTE ROM
Weltmacht der Antike
TESSLOFF

WAS IST WAS
VULKANE
Feuer aus der Tiefe
TESSLOFF

WAS IST WAS
WIKINGER
Nordmänner zur See
TESSLOFF

WAS IST WAS
KATZEN
Flinke Jäger auf Samtpfoten
TESSLOFF

WAS IST WAS
DIE ALTEN GRIECHEN
Götter, Helden, Dichter
TESSLOFF

WAS IST WAS
NATUR
Erforschen und schützen
TESSLOFF

WAS IST WAS
FOSSILIEN
Spuren des Lebens
TESSLOFF

WAS IST WAS
DAS ALTE ÄGYPTEN
Goldenes Reich am Nil
TESSLOFF

WAS IST WAS
PIRATEN
Schrecken der Meere
TESSLOFF

WAS IST WAS
HAUSTIERE
Unsere liebsten Freunde
TESSLOFF

WAS IST WAS
SPINNEN
Jäger am seidenen Faden
TESSLOFF

WAS IST WAS
NATURGEWALTEN
Unberechenbar und mächtig
TESSLOFF

WAS IST WAS
GELD
Vom Tauschhandel zum Bitcoin
TESSLOFF

WAS IST WAS
DIE SIEBEN WELTWUNDER
Schätze der Antike
TESSLOFF

WAS IST WAS
WALE UND DELFINE
Die sanften Riesen
TESSLOFF

WAS IST WAS
ELEFANTEN
Die grauen Riesen
TESSLOFF

WAS IST WAS
RITTER
Burgen, Turniere, edle Frauen
TESSLOFF

WAS IST WAS
REGENWALD
Grüner Schatz der Erde
TESSLOFF

WAS IST WAS
HAIE
Im Reich der schnellen Jäger
TESSLOFF

WAS IST WAS
KRIMINALISTIK
Dem Täter auf der Spur
TESSLOFF

WAS IST WAS
UNIVERSUM
Geheimnisse des Weltalls
TESSLOFF